VENTE

DES

Lundi 20, Mardi 21 et Mercredi 22 Novembre 1911

Hôtel des Commissaires-Priseurs

10, RUE JEAN-ROISIN

à **LILLE**

EXPOSITION : Dimanche 19 Novembre

Collections A. ANGELLIER

Professeur à la Faculté des Lettres de Lille

Mᵉ L. LECLERCQ

Commissaire-Priseur

MM. PORTIER & BLÉE

Experts à Paris

Etudes de Mes MOENECLAEY, LECLERCQ, DEPERNE, REYDET

Commissaires-Priseurs à Lille

VILLE DE LILLE

HOTEL des COMMISSAIRES-PRISEURS, 10, Rue Jean-Roisin

VENTE

DES

Objets d'art Chinois et Japonais

Céramique, Bronzes et Cloisonnés, Bois incrustés et laqués, Armures, Gardes de sabres, Jades et Lardites, Services d'étain Chinois.

ET

Tableaux Anciens et Modernes

des Écoles Italienne, Espagnole, Flamande,
- - - Hollandaise, Anglaise et Française - - -

GRAVURES, DESSINS, AQUARELLES, PASTELS & GOUACHES

OBJETS D'ART

Faïences, Porcelaines, Objets en cuivre, Bronzes ciselés et dorés, Fers forgés, Étains, Armes, Bois sculptés.

MEUBLES ANCIENS

etc., etc.

composant les collections de feu M. A. ANGELLIER

LES LUNDI 20, MARDI 21 ET MERCREDI 22 NOVEMBRE 1911

à 2 heures

Par le ministère de Me Léonce LECLERCQ, Commissaire-Priseur, demeurant à Lille, 78, rue de Turenne.

Assisté de M. Portier, Expert, demeurant à Paris, 24, rue Chauchat (pour l'art chinois et japonais).

Et de M. Blée, Expert, demeurant à Paris, 53, rue de Châteaudun (pour les tableaux, objets d'art, etc..

EXPOSITION DIMANCHE 19 NOVEMBRE, de 10 heures à 4 heures.
CHAQUE JOUR DE VENTE, de 10 heures à midi.

CONDITIONS DE LA VENTE

Elle sera faite au comptant.

Les acquéreurs paieront 10 %, plus 1 % de criée, en sus du prix d'adjudication.

L'exposition mettant le public à même de se rendre compte de la nature, de l'état et de la qualité des objets, il ne sera admis aucune réclamation une fois l'adjudication prononcée.

L'ordre numérique des vacations du catalogue sera suivi autant que possible.

ORDRE DES VACATIONS

Lundi 20 Novembre

du N° 1 au N° 37
153 à 235
272 à 330
331 à 361

Mardi 21 Novembre

du N° 362 au N° 411 ter
412 à 453
38 à 107
236 à 248

Mercredi 22 Novembre

du N° 108 au N° 152
249 à 271
454 à 525

PREMIÈRE PARTIE

Objets d'Art de la Chine

❖ ❖ ❖ ❖ et du Japon ❖ ❖ ❖ ❖

Céramique

BLEU ET BLANC

1. Grande potiche, à décor quadrillé portant en réserve deux médaillons de fleurs et d'attributs. Couvercle surmonté d'une chimère.

Haut. : 0,65.

2. Autre potiche couverte, décorée de chrysanthèmes stylisés et de rinceaux fleuris entourant des médaillons. Couvercle à chimère. *Jolie pièce décorative.*

Haut. : 0,45.

3. Cantine portant deux médaillons de personnages en réserve sur un joli fond quadrillé. *XVIIIe siècle.*

Haut. : 0,45.

4. Autre cantine couverte, la panse légèrement bombée, décorée de fins paysages montagneux.

Haut. : 0,50.

5. Deux pots à gingembre décorés d'un fin semis de fleurs entourant des diagrammes, figurant également sur le couvercle.

Haut. : 0,26.

6. Potiche couverte décorée sur fond gros bleu de réserves de branches de pêcher fleuri.

Haut. : 0,38.

7. Grand vase à col évasé, portant en relief deux dragons
   affrontés, séparés par la perle sacrée. Décor de
   rinceaux fleuris.
   Haut. : 0,45.

8. Deux tubes, le col s'évasant légèrement, à décor de
   péchers sur fond bleu.
   Haut. : 0,35.

9. Deux autres tubes; décor de péchers et de paysages
   maritimes.
   Haut. : 0,31.

10. Deux autres tubes, décorés de dragons serpentant au
    milieu des chrysanthèmes. Cachet au dos.
    Haut. : 0,35.

11. Deux autres tubes décorés de panneaux de person-
    nages et de fleurs. *Époque Kwan-shiou.*
    Haut. : 0,35.

12. Petit tube décoré sur fond craquelé d'oiseaux de Hôo.
    Haut. : 0,20.

13. Deux tubes hexagonaux, les angles coupés, décorés
    de personnages.
    Haut. : 0,25.

14. Fontaine à étranglement médian, décorée de dragons
    au-dessus des flots, une tête de dragon en relief
    formant l'orifice inférieur.
    Haut. : 0,28.

15. Deux vases balustres, décorés au col de dragons au
    milieu des nuages poursuivant la perle sacrée. Les
    faces de la panse portent un décor de personnages.
    Haut. : 0,35.

16. Deux tubes à décor de dragon et de fleurs.
    Haut. : 0,25.

17. Deux paires de gourdes, la panse aplatie, décorées
    l'une de dragons, l'autre de personnages. Anses
    en forme de chimères.
    Haut. : 0,27.

18. Six petites potiches couvertes à décor de paysages
    montagneux; le couvercle est surmonté d'une
    chimère.
    Haut. : 0,34.

19. Trois autres potiches couvertes à réserve de médail-
    lons fleuris entourés de fleurs de péchers. Couvercles
    à chimères.
Haut. : 0,34.

20. Autre potiche couverte à réserve de branches de
    péchers sur fond bleu.
Haut. : 0,37.

21. Deux petits vases à décor de paysages montagneux.
Haut. : 0,30.

22. Gourde plate décorée de motifs de fleurs et d'oiseaux.
Haut. : 0,36

23. Petite corbeille en porcelaine d'Ovari.
24. Boîte à poudre, décor fleuri.
25. Jardinière hexagonale, les faces imitant un fin grillage.
26. Une coupe, une théière, un bol.
27. Un vase, décor d'oiseaux sur fond craquelé.
28. Un porte-fleur côtelé.
29. Un écran, un bol, une petite boîte.
30. Trois pots à gingembre.
31. Fontaine murale, décor de personnages.
32. Six petits vases boule.
33. Garniture de cinq pièces comprenant le brûle-parfums,
    deux chandeliers et deux cornets.
34. Trois potiches couvertes.
35. Deux autres potiches en forme de boule.
36. Deux pots à gingembre, décor de paysage chinois.
37. Une théière.

Porcelaine polychrome

38. Deux tubes décorés sur fond jaune, impérial de dragons
    verts au milieu des nuages.
Haut. : 0,30.

39. Deux vases à col évasé et dentelé, décor de fleurs et
    de personnages.
Haut. : 0,27.

40. Deux tubes en fine porcelaine de Satsouma.
Haut. : 0,22.

41. Deux porte-bouquets formés de trois tubes de bambous,
contre lesquels se tiennent des ibis.

   Haut. : 0,32.

42. Deux grands vases en porcelaine du Japon, finement
décorés de personnages et d'oiseaux.

   Haut. : 0,40.

43. Deux tubes en porcelaine craquelée, fond crème.

   Haut. : 0,32.

44. Six grands vases flammés, à dominantes vert et rouge.

45. Un autre vase flammé, décoré en relief, sur la panse,
de langoustes et de crabes.

   Haut. : 0,44.

46. Autre vase flammé en porcelaine craquelée.

   Haut. : 0,32.

47. Un cache-pot flammé.

48. Un tube en porcelaine craquelée, tonalité verdâtre.

   Haut. : 0,30.

49. Un cache-pot et deux potiches sang de bœuf.

50. Deux petits vases décor de poissons et de vagues.

51. Quatre petits vases porcelaine et grès.

52. Quatre autres petits vases.

53. Une jardinière décorée sur fond blanc de fleurs à
rehauts d'or.

54. Quatre vases en porcelaine d'Imari.

55. Deux coupes à pans coupés en porcelaine d'Imari.

56. Une jardinière décorée sur un motif or de jolis iris
polychromes.

57. Une autre jardinière décorée sur fond rosé de dragons
en camaïeu foncé.

58. Une grande coupe creuse, décor de personnages
et d'attributs.

59. Deux coupes en porcelaine d'Imari, décor extérieur
bleu et or.

60. Une grande coupe, décor Taokouang, socle bronze doré.

61. Autre coupe creuse décor rouge et or de personnages
et d'oiseaux.

62. Autre coupe, famille verte, à décor de fleurs et d'oiseaux
alternatifs.

63. Autre coupe creuse, portant au centre un médaillon de dragons et à l'extérieur des scènes de guerriers.
64. Pot couvert, décor chinois.
65. Deux bols, l'un à décor bleu et blanc, l'autre polychrome.
66. Brûle-parfum à décor quadrillé vert. Réserves de Paysage.
67. Deux autres brûle-parfum.
68. Six bols divers.
69. Trois bols, *décor Taokouang*.
70. Un lot de petites pièces porcelaine.
71. Une petite coupe en porcelaine, couverte extérieurement d'une fine sparterie.
72. Deux pots à thé, cloisonné sur porcelaine.
73. Jolie coupe craquelée, décor rouge, socle bronze doré.
74. Petit vase à panse côtelée.
75. Huit flacons tabatière en porcelaine.
76. Groupe en poterie représentant deux shi-shi se battant.
77. Quatre porte-bouquets flammés, décor de personnages, *style Ming*.
78. Autre porte-bouquets, décor de crabes et d'ibis.
79. Quatre autres porte-bouquets, crabes et oiseaux.
80. Jolie coupe à libation en vieux céladon, l'extérieur finement truité rouge. *XVIIIe siècle.*
81. Une autre jolie coupe à libation, *décor Taokouang*.
82. Un plat céladon truité rouge.

Diam. : 0,35.

83. Autre plat céladon, le marli dentelé.

Diam. : 0,45

84. Un plat en porcelaine d'Imari.

Diam. : 0,46.

85. Un autre plat décoré de personnages habillés comme à l'époque Ghenrokou.

Diam. : 0,45.

86. Une assiette à bord lobé, décor de personnages.
87. Deux très beaux plats à barbe en ancienne porcelaine d'Imari.

88. Deux potiches décorées sur fond ciel de branches
fleuries. Salamandre en relief autour du col.
Haut. : 0,50.

89. Deux grands vases en porcelaine blanche craquelée,
décorés en relief brun de scènes de guerriers.
Haut. : 0,47.

90. Une potiche couverte, côtelée, en porcelaine d'Imari.

91. Une potiche décorée sur fond jaune de rinceaux
fleuris, *dans le style Taokouang.*

92. Chien de Fô en fine porcelaine craquelée. *XVIIIe siè.*

93. Autre chien de Fô en porcelaine blanche.

94. Trois bols et une boîte à thé.

95. Un groupe en grès flammé représentant deux biches
sur un rocher.

96. Statuette accroupie représentant le dieu de longévité.

97. Statuette de Fudo, le dieu de la guerre.

98. Deux statuettes d'ascètes.

99. Garçonnet accroupi tenant une grenouille.

100. Statuette de Darma, un sceptre à la main.

101. Jeune femme vêtue à la mode de Ghenrokou.

102. Jeune femme richement vêtue d'une robe à décor de
« Mon ».

103. Statuette d'un personnage barbu vêtu d'une longue
robe sang de bœuf.

104. Kwannon, un rosaire à la main, assise sur un rocher.
Fine porcelaine de Satsouma.

105. Garçonnet accroupi, un éventail à la main.

106. Deux statuettes de Bouddha enfant, en porcelaine
blanche à décor polychrome.

107. Très jolie statuette d'un personnage barbu, le lotus
sacré en mains, richement vêtu d'une robe décorée
d'un fin semi vert rehaussé de médaillons bruns.
Jolie pièce Kienlong.

108. Un lot de six statuettes en grès flammé (seront divisés).

109. Statuette de daymio accroupi, une main sur son
sabre, l'autre tenant un éventail.

110. Kwannon, une fleur de lotus à la main, assise sur
poisson. *Jolie porcelaine blanche.*

111. Personnage endormi.
112. Six plaques de temple en porcelaine bleu et blanc décor varié de fleurs, de personnages et d'oiseaux. Cadres bois sculpté.
113. Joli bol creux, porcelaine bleu et blanc, décor de caractères et de personnages. *Jolie pièce marquée « Ching-wa », XVᵉ siècle.*
114. Douze assiettes en porcelaine d'Imari.
115. Neuf assiettes décor craquelé, le marli dentelé.
116. Neuf assiettes plates, porcelaine craquelée, décor polychrome.
117. Huit assiettes, porcelaine d'Imari, décor de personnages.
118. Douze assiettes bleu et blanc, décor de « Mon » (armoiries).
119. Douze autres assiettes, fleurs et « Mon ».
120. Douze assiettes, fleurs et éventails.
121. Sept assiettes, décor d'oiseaux de Hōo.
122. Cinq soucoupes, le marli décoré de rinceaux fleuris.
123. Neuf assiettes plates, décor de paravents.
124. Douze soucoupes, le marli dentelé, décorées de chrysanthèmes.
125. Cinq soucoupes, en forme de losange, décorées de scènes maritimes.
126. Un lot de douze assiettes et soucoupes, décor bleu et blanc.
127. Un lot de neuf assiettes et soucoupes en porcelaines diverses.
128. Un lot de douze assiettes et soucoupes, dont quatre à bord dentelé.
129. Six soucoupes de forme allongée, en porcelaine d'Imari.
130. Deux jolies soucoupes Imari, en forme de losanges.
131. Quatre assiettes, porcelaine d'Imari, décor de branches de pins.
132. Deux assiettes, style Youngching, décor de pivoines.
133. Trois coupes lobées, décor de chrysanthèmes.
134. Trois plats.

135. Un plat allongé, décor de dragons dans les nuages.

136. Un légumier, deux plats et douze assiettes en porcelaine céladon, décorés, dans le *style Youngching*, *XVIIIe siècle*, de fleurs et de papillons polychromes.

137. Trois plats bleu et blanc.

138. Une jolie coupe creuse, Compagnie des Indes.

139. Un plat à fin décor polychrome rehaussé d'or, Compagnie des Indes.

140. Une assiette vieux bleu, traces de décor or.

141. Une coupe creuse en porcelaine d'Imari.

142. Une autre coupe en porcelaine de Naboshima.

143. Quatre coupes creuses, en porcelaine d'Imari.

144. Trois vases, dont un en porcelaine d'Imari.

145. Cinq pièces, porcelaines diverses (seront divisés).

146. Un lot de cinq tasses bleu et blanc.

147. Petit brûle-parfums, le couvercle en forme de tortue marine.

148. Petit chauffe-mains en porcelaine d'Ovari.

149. Cinq pièces grès à décor polychrome (seront divisés).

150. Brûle-parfums, représentant une divinité accroupie, un matremono à la main.

151. Trois bols, porcelaine d'Imari.

152. Huit vases, porcelaine monochrome (seront divisés).

Cloisonnés et Bronzes

153. Deux vases cloisonnés, les zones d'émaux polychromes séparées par deux cercles concentriques de clous, trois petites anses en forme de chimère. *XVIIIe siècle*.

Haut. : 0,30.

154. Deux vases cloisonnés, le col évasé, portant trois anneaux mobiles, surmontant des têtes de taotiés, et une zone de palmettes. *XVIIIe siècle*.

Haut. : 0,30.

155. Deux vases cloisonnés, le col portant deux anses à tête chimérique, la panse décorée de six médaillons polychromes. *XVIIIe siècle.*

156. Brûle-parfum en forme d'éléphant, le couvercle et les flancs décorés d'émaux polychromes. *XVIIIe siècle.*

157. Petit brûleur, la vasque, portée par trois petits pieds, couverte de huit médaillons d'émaux. *XVIIIe siècle.*

158. Joli vase allongé, portant deux mascarons à têtes de taotiés, la panse décorée de palmes. *Style persan. XVIIIe siècle.*

159. Deux vases quadrangulaires, décorés de panneaux d'oiseaux de Hôo, dans les fleurs. *XVIIIe siècle.*

160. Deux très beaux bols cloisonnés, décorés de fleurs stylisées. Cachet au dos. *Époque Kienlong.*

161. Petite coupe plate cloisonnée, *de la même époque.*

162. Très belle bonbonnière cloisonnée, le marli dentelé. *Jolie pièce de l'Époque Ming.*

163. Quatre vases cloisonnés modernes, fond turquoise.

164. Trois autres petits vases cloisonnés.

165. Trois boîtes cloisonnées et émaux peints.

166. Une bonbonnière même travail, sur fond blanc.

167. Deux vases à col largement évasé ; décorés sur fond vert de chrysanthèmes stylisés. Col portant un décor de longues palmes.

168. Deux vases cloisonnés, montés sur socle trépied, même travail, le col largement évasé formant plateau, décor de fleurs et d'oiseaux.

169. Vase cloisonné, la panse étranglée, porte à la partie supérieure deux anses détachées, à têtes chimériques.

170. Plat cloisonné sur fond turquoise, décor fleurs et oiseaux.

171. Cinq petits cendriers cloisonnés.

172. Vase cloisonné, le col allongé portant deux anses tubulure.

173. Joli vase à col allongé portant trois anneaux mobiles, la panse ornée d'un fin décor quadrillé entourant des caractères anciens.

174. Joli vase quadrilatéral, en bronze, portant deux anses à têtes d'oiseaux, surmontant une zone d'animaux fantastiques. *Jolie patine à reflet verdâtre. XVIIe siècle.*

175. Grand vase à large panse, le col bas et évasé, décoré de zones chimériques coupées d'arrêtes saillantes. *XVIIIe siècle.*

176. Vase à panse arrondie, le col portant trois mascarons à anneaux mobiles, le corps décoré d'animaux fantastiques. *XVIIIe siècle.*

177. Autre vase à panse arrondie, même décor que le précédent avec incrustations d'or. Anneaux mobiles. *XVIIIe siècle.*

178. Vase à étranglement médian, décoré de flots.

179. Deux grands vases, la panse coupée d'arrêtes saillantes sur une zone de dragons. Anses détachées à têtes chimériques.

180. Deux grands vases, à jolie patine brune, décorée en haut relief de personnages et de paysages maritimes.

181. Deux brûle-parfums, la vasque décorée de caractères chimériques. Couvercle bois de fer sculpté, avec boutons de gade.

182. Deux vases décorés de longues palmes, coupées d'une zone d'arabesques à arrêtes saillantes.

183. Brûle-parfum en forme de licorne accroupie, la tête montée sur charnière, formant couvercle, et rehaussée de traces d'or. *XVIIIe siècle.*

184. Deux vasques décorées de shi-shi au-dessus d'une zone de vagues.

185. Grand vase à panse quadrilatérale, décoré sur le col de palmes allongées surmontant un décor de fleurs sur fond quadrillé.

186. Trois vases en bronze à patine très brillante, décorés en relief de branches de volubilis.

187. Grand brûle-parfum de temple, à deux anses, avec couvercle ajouré. Sur la panse du vase, quatre compartiments avec motifs d'animaux et de fleurs. Sur le couvercle, le Sennin à la grue tenant un instrument de musique dit « shô ». *XVIIIe siècle.*

188. Joli vase à patine rougeâtre, entouré sur la panse d'un dragon en haut relief. *XVIIIe siècle.*

189. Brûle-parfum avec couvercle ajouré décoré de deux zones de fleurs.

190. Lanterne de temple, imitant un toit de pagode.

191. Treize petits vases à col évasé décorés de fleurs et d'oiseaux.

192. Six petits vases, les uns unis, les autres gravés.

193. Deux vases présentoirs à col évasé et plat. Socle trépied.

194. Joli petit brûle-parfum en forme d'ornement de culte bouddhique.

195. Petit vase à jolie patine brune décoré en relief, d'oiseau sur une branche en métal argenté.

196. Vase quadrilatéral décoré en relief de rinceaux stylisés.

197. Chauffe-mains en métal argenté, le couvercle finement ajouré.

198. Grande vasque plate, la panse gravée.

199. Quatorze petites pièces diverses.

200. Brûle-parfum en cuivre, le couvercle surmonté d'une chimère.

201. Brûleur en bronze à jolie patine brune, le couvercle formant toit de pagode.

202. Chauffe-mains en cuivre.

203. Deux vases bronze.

204. Lot de chandeliers chinois, l'un imitant un filet de pêche.

205. Statuette en bronze représentant un archer debout.

206. Guerrier à cheval.

207. Paysan au repos bourrant sa pipette.

208. Statuette de Kwannon, toute enrubannée.

209. Guerrier à cheval luttant contre un ours.

210. Joli cheval harnaché, la crinière au vent. *Jolie pièce,
XVIIIe siècle.*

211. Fudo, le dieu de la guerre (poterie imitant le bronze).

212. Ibis en bronze doré.

213. Garçonnet, une branche à la main.

214. Un lot de vingt petites pièces anciennes en bronze
(cendriers, porte-pinceaux, godets à eau, etc.).
(Seront divisés.)

215. Un lot de sept encriers ou porte-pinceaux anciens.
(Seront divisés.)

216. Un lot de douze plats de cuivre finement niellés.
(Travail de Namdinh.) (Seront divisés.)

217. Trois gongs chinois.

218. Joli coffret en cuivre finement ajouré, portant des
médaillons de caractères anciens. *Jolie pièce
Persane.*

219. Belle aiguière en cuivre finement gravé et fouillé
(Perse).

220. Grand bassin, à large marli (Même travail).

221. Joli service composé d'un plateau, une théière,
un sucrier et un petit pot. (Même travail).

222. Trois aiguières Persane, deux grandes, une petite.

223. Jolie théière finement ajourée avec double couvercle
ajourée (Perse).

224. Très belle applique en forme de feuille, portant trois
branches (Perse).

225. Trois vases en cuivre ciselé, gravé et ajouré (Perse).

226. Trois bonbonnières, même travail.

227. Trois petits vases, id.

228. Une bonbonnière, id.

229. Un lot de 14 bols ou cache-pots, même travail.

230. Deux vases et une bonbonnière.

231. Un lot de 21 pièces : plats, assiettes et coupes creuses
(Persan).

232. Un lot de 23 bols creux finement gravés (Perse).

233. Une petite boite couverte id.

234. Deux gobelets et une coupe id.

235. Trois bols incrustés, gravés sur métal argenté de caractères persans.

235 *bis*. Neuf plateaux bronze japonais. — Quatre pieds supports bronze.

Étains chinois

236. Très beau service complet en étain finement gravé, comprenant quatre-vingts pièces (service à gibier, à poisson, assiettes, coupes, etc.). — Service à l'usage des mandarins, ayant figuré au Palais Chinois à l'Exposition de Paris en 1900.

237. Joli déjeuner en étain gravé et ciselé, composé d'une boîte pentulobée, contenant cinq petits bols couverts, le tout finement gravé de personnages et de fleurs *(Très belle pièce)*.

238. Autre déjeuner comprenant vingt-trois pièces, dont sucrier, théière, coupes, etc. — Même travail.

239. Jolie boîte à bijoux octogonale, à quatre compartiments, finement gravée de médaillons de personnages et de chauve-souris *(Très belle pièce)*.

Laques divers

240. Grande chimère d'autel, à double tête, en bois laqué or et rouge. *Jolie pièce décorative* finement sculptée.

241. Boîte à bijoux octogonale, à trois compartiments, en laque d'or, décorée de vols de canards et de tortues marines *(Très belle pièce)*.

242. Joli petit tabouret formant socle, en laque d'or.

243. Boîte en laque, imitant un livre.

244. Petite boîte en laque, à décor d'ibis.

245. Deux petites boîtes plates en laque, avec application.

***

246. Boîte en laque blanc, avec décor de feuillage en laque
     d'or.
247. Trois jolies coupes à sake.
248. Trois boîtes en laque.

Jades et Lardites

249. Joli brûle-parfum en jade blanc, la vasque quadri-
     latérale portée par quatre petits pieds et décorée de
     motifs gravés représentant des oiseaux de Hoô
     stylisés.
250. Une jolie théière, deux corps, en jade blanc, gravée
     de feuillages et de caractères anciens.
251. Un lot de six petites pièces en jade, formant pendentifs
     (seront divisés).
252. Deux jolis groupes en belle lardite brune, représentant
     des guerriers assis sur le dos de chimères.
253. Deux oiseaux perchés sur des rochers. Lardite noire.
254. Statuette de Foukourokou, un lotus à la main. Lardite
     claire.
255. Deux petits cubes en forme de cachets, surmontés de
     chimères.
256. Groupe en marbre représentant deux petites divi-
     nités (Perse).
Lot omis. Deux plaques lardite.

Pipes et accessoires

257. Pipes à eau, pipes à opium, les fourneaux gravés, bouts
     de jade (seront divisés).
258. Petite lampe à opium en métal finement ajouré.
259. Fourneau de pipe à eau en bois finement incrusté de
     nacre, monture argent ciselé. Travail Tonkinois.

Meubles et divers

260. Petit cabinet en bois de teck joliment incrusté de nacre ; décor de personnages, de fleurs et d'oiseaux *(Tonkin XVIIIe siècle)*.

261. Une glace montée sur trépied pivotant. Même travail d'incrustation.

262. Deux plateaux Tonkinois incrustés de nacre, l'un ovale, l'autre quadrilatéral.

263. Un grand plateau rectangulaire, à coins d'argent ciselés.

264. Deux vide-poches, même travail.

265. Une boite à poudre de riz, avec fines incrustations de nacre.

266. Deux coffrets en bois de santal, finement sculptés et fouillés.

267. Huit jolis socles-tabourets en bois sculpté, montés sur quatre pieds élevés.

268. Trois boites laques, cinq boites chinoises avec six gobelets en bois, un vase, trois chapeaux (seront divisés).

Armures

269. Très belle armure japonaise du XVIIe siècle, en fer, avec son casque, décorée des armoiries des Daimyo de Mori, famille noble de la province d'Harima.

270. Autre armure avec le casque, en fer, ornée d'armoiries diverses de Daimyo. *XVIIIe siècle*.

Gardes de Sabre

271. Très belle collection de gardes de sabre anciennes, presque toutes signées.

DEUXIÈME PARTIE

TABLEAUX ANCIENS & MODERNES

GRAVURES, DESSINS
AQUARELLES, PASTELS, GOUACHES

OBJETS D'ART

Faïences, Porcelaines, Objets en cuivre
Bronzes ciselés et dorés, Fers forgés, Étains
Armes, Bois sculptés

MEUBLES ANCIENS

Gravures en noir, couleur, estampes, images, etc.

272. **Bartholozzi.** — L'innocence se réfugiant dans les bras de la Justice. *Gravure en noir d'après L.-E. Lebrun.*

273. **Champonnier (A.).** — La paresse. *Gravure en couleurs d'après Morland.*

274. **Coqueret.** — La tourterelle poursuivie. *Gravure en couleurs d'après T.*

275. **Demarteau.** — Jeune paysanne. *Sanguine d'après Boucher.*

276. **Lucas de Leyde.** — Le repos dominical. *Gravure en noir, date 1519.*

277. **Philippeau.** — Calendrier perpétuel. *Gravé en noir, d'après de Guido Reni, etc.*

278. **Gool (M.).** — Place de Rome ancienne. *Gravure noire.*

279. **Romani (Gerard).** — Valmont, and the Président de Jourvel. *Gravure en couleurs d'après Lawrence.*

280. **Renard.** — Œdipe et Antigone. *Gravure en noir.*

281. Cartons contenant nombreuses gravures en noir, en couleurs, illustrations, images, etc. (seront divisés).

Lithographies, Pastels, Gouaches, Aquarelles, Dessins, etc.

282. Sous ce numéro, plusieurs lithographies encadrées (seront divisées).

283. Deux lithographies encadrées : Pastorales.

284. **Godot Paquet.** — Portrait d'homme. *Pastel.*
Haut. : 0,38. Larg. : 0,46.

285. **Joly.** — Portrait de jeune femme. *Pastel.*

286. **Yorgola.** — Paysage d'Italie. *Gouache.*

287. **École Italienne du XVIIe siècle.** — La Vierge et l'Enfant-Jésus. *Petite gouache.*

288. Fruits. *Aquarelle.*

289. Deux paysages avec ruines. *Aquarelle.*

290. **École Française XIXe siècle.** — Jeune femme nue. *Mine de plomb.*

291. **École Italienne. Litterini Bartholomeo.** — Mort d'un Saint.

Tableaux École Française, Anglaise, Flamande, Espagnole, Hollandaise

292. **Auburtin.** — Rochers dans la mer.
Carton. Haut. : 0,55. Larg. : 0,45.

293. **Auburtin.** — Bords de mer.
Carton. Haut. : 0,55. Larg. : 0,45.

294. **L. Braquaval.** — La digue à Saint-Valéry-s/-Somme.
Toile. Haut. : 0,46. Larg. : 0,32.

295. **L. Braquaval.** — Paysage.
Panneau. Haut. : 0,46. Larg. : 0,39.

296. **Carpwigt (Th.).** — Jeune paysanne lavant.
Toile. Haut. : 0,60. Larg. : 0,80.

297. **Carpwigt (Th.).** — Paysanne.
Toile. Haut. : 0,60. Larg. : 0,80.

298. **Carne (de).** — Pommiers en fleurs.
Toile. Haut. : 0,55. Larg. : 0,80.

299. **Chardin (École de).** — Ménagère et sa domestique.
Verre peint.

300. **Didier (Clovis).** — La lecture.
Toile. Haut. : 0,55. Larg. : 0,45.

301. Pommes.
Toile. Haut. : 0,38. Larg. 0,46.

302. **Drouais** attribué à **L. H.** — Portrait de G. Hallez.

303. **Koninck (de).** — Nature morte, cruche et citrons.
Toile. Haut. : 0,41. Larg. : 0,32.

304. **Logan (R. H.).** Paysanne.
Toile. Haut. : 0,65. Larg. : 0,82.

305. **Logan (R. H.).** — Le marais. *Étude.*
Toile. Haut. : 0,46. Larg. : 0,38.

306. **Macpherson (Campbell).** — Lys en fleurs.
Toile. Haut. : 0,45. Larg. : 0,80.

307. **Martel.** — Grande quantité d'études, de paysages, marines, etc., peintes à l'huile sur toile, panneaux ou cartons (seront divisées).

308. **Pangalli.** — Chien griffon.
Toile. Haut. : 0,46. Larg. : 0,55.

309. **Salomé (Émile).** — Portrait de jeune homme.
> Toile. Haut. : 0,47. Larg. : 0,56.

310. **Schoutteten.** — Les Dunes.
> Toile. Haut. : 0,55. Larg. 0,43.

311. **Schoutteten.** — Place Canton. *Marine* (2 pendants).
> Toiles. Haut. : 0,55. Larg. : 0,38.

312. **Snyder.** — La pleine mer.
> Toile. Haut. : 0,41. Larg. 0,32.

313. **Snyder.** — Etude d'arabes.
> Toile. Haut. : 0,32. Larg. : 0,41.

314. **Snyder.** — La route du moulin. *Etude.*
> Carton. Haut. : 0,35. Larg. : 0,26.

315. **Snyder.** — La Roulotte. *Etude.*
> Carton. Haut. : 0,33. Larg. : 0,24.

316. **Snyder.** — Paysanne. *Etude.*
> Carton. Haut. : 0,26. Larg. : 0,34.

317. **Tattegrain (T).** — Portrait d'un abbé.
> Panneau. Haut. : 0,23. Larg. : 0,32.

318. **Wehrlin (Mathieu).** — Gibier.
> Toile. Haut. : 0,43. Larg. : 0,51.

319. **Ecole Française.** — Portrait de femme.
> Toile. : Haut. : 0,46. Larg. : 0,55.

320. **Ecole Française.** — Bergère et ses moutons.
> Haut. : 0,54. Larg. : 0,45.

321. Portrait d'homme.
> Haut. : 0,22. Larg. : 0,35.

322. Etude d'homme.
> Panneau. Haut. : 0,20. Larg. : 0,35.

323. Paysage.
> Panneau. Haut. : 0,30. Larg. : 0,18.

324. **Ecole Espagnole.** — L'Enfant-Jésus portant la croix.
> Toile. Haut. : 0,98. Larg. : 0,78.

325. **Ecole Flamande.** — Les saintes femmes au pied de la croix.
> Panneau. Haut. : 0,745. Larg. : 1,03.

326. Le Christ et ses disciples.
> Panneau. Haut. : 0,70. Larg. : 0,42.

327. **Ecole Hollandaise.** — Intérieur de paysan.
> Toile. Haut. : 0,34. Larg. : 0,25.

328. **Ecole Anglaise.** — Les deux sœurs.

329. **Ecole Anglaise.** — Portrait d'homme.
> Haut. : Haut. : 0,58. Larg. : 0,70.

330. 25 planches en cuivre gravé pour illustration représentant pour la plupart des sujets religieux.
330 *bis*. Toiles diverses : portraits anciens (seront divisées).

Faïences anciennes, modernes. — Cristaux

331. Petite coupe, tripode en ancienne faïence Delft.
332. Huit porte-huiliers, ancienne faïence (seront divisés).
333. Deux porte-fleurs, faïence Strasbourg, décor au Chinois.
334. Seize pots à tabac avec couvercle cuivre, anciennes faïences diverses (seront divisés).
335. Trois pots pharmacie, ancienne faïence (seront divisés).
336. Soupière en ancienne faïence Luxembourg.
337. Saucière et deux tasses Empire (à diviser).
338. Porte-montre terre cuite Louis XV.
339. Deux plats ancienne faïence de Rouen.
340. Une assiette Delft, une statuette enfants, ancienne faïence Moustier.
341. Un saladier et deux assiettes Strasbourg.
342. Dix bénitiers en faïence (seront divisés).
343. Deux vases, un sucrier, une tasse Delft.
344. Un sucrier Empire, une assiette Delft, un plat, une bannette Strasbourg, raccommodée (seront divisés).
345. Une corbeille Strasbourg, *XVIIIe siècle* (parfait état).
346. Une soupière Strasbourg, *XVIIIe siècle*, et 6 assiettes (seront divisés).
347. Treize encriers faïences diverses (à diviser).
348. Deux soupières Strasbourg (à diviser).
349. Deux assiettes, un sucrier, un plat ancienne faïence anglaise.
350. Plat à barbe ancienne faïence Delft.
351. Plat ancienne faïence de Lunéville.
352. Tasses Empire, un lave-main, un vase ancien Wedgwood (seront divisés).

353. Deux tasses Empire, deux tasses à café Empire, un vase, une soucoupe, un plateau L. P. (seront divisés.

354. Un très beau verre cristal taillé, *XVII⁰ siècle*.

355. Six verres cristal ancienne verrerie, deux tasses cristal et soucoupes (seront divisés).

356. Quatre confituriers cristal taillé à piédouche et à couvercle. *Belles pièces*, époque Empire.

357. Deux vases à couvercle polychrome de la Perse, une étoile, deux plaques Perse (seront divisés).

358. Une théière, un sucrier, un pot à lait, décor Compagnie des Indes.

359. Un bénitier ancien, une veilleuse.

360. Lot varié : quatre statuettes anciennes, caricatures anglaises, un chien, une vierge terre cuite, un vase, une plaque de cadran solaire (seront divisés).

361. Lots variés : faïence moderne, bretonne, Nevers, italienne (seront divisés).

Cuivre. — Bronze. — Objets de précision.
Balances, etc., anciens et modernes.

362. Plat en cuivre, Italie. *XVI⁰ siècle*.

363. Cinq mortiers Gothique (à diviser).

364. Un mortier *1606*.

365. Deux mortiers Renaissance (à diviser).

366. Une petite lanterne Louis XVI, six grelots anciens (à diviser).

367. Quatre encriers Renaissance, un Empire (à diviser).

368. Pot et cuvette en cuivre rouge avec un trépied en fer forgé Renaissance (à diviser).

369. Fer à repasser cuivre Louis XVI.

370. Bénitier cuivre repoussé Renaissance.

371. Chauffe-main Renaissance. *Pièce rare*.

372. Trois bassinoires cuivre gravé et repoussé. *XVII⁰ et XVIII⁰ siècles*. (Seront divisés.)

373. Deux mortiers Renaissance cinq cloches, une Renaissance, une Gothique, trois autres Renaissance (à diviser).
374. Trois bassinoires cuivre sans manches.
375. Une lampe d'église, deux seaux à eau bénite Louis XVI, une boite à encens (seront divisés).
376. Deux appliques flambeaux Louis XV.
377. Quatre bénitiers Renaissance (à diviser).
378. Un Saint-Hubert Gothique.
379. Un baiser de paix Renaissance. *Fine et belle pièce.*
386. Une marmite tripode Renaissance.
387. Quatre chandeliers. *XVIIe siècle.* (Seront divisés.)
388. Deux plats en cuivre creux Renaissance, quatre marabouts (seront divisés).
389. Deux appliques style Louis XV, deux appliques Louis XIV, quatre appliques modernes (seront divisées).
390. Un lot : trois croix Renaissance (dites de procession), deux christs roman, un christ Renaissance (seront divisés).
391. Une grande croix (dite de procession) Louis XIV.
392. Deux pistolets anciens, 2 boucles.
393. Une marmite à braises ancienne.
394. Un bassin Renaissance et un autre servant de mesure (seront divisées).
395. Quatre réchauds Louis XIV, un lot mouchettes et plateaux (seront divisés).
396. Quatre plaques bas-relief en cuivre ciselé.
397. Un Brasero Italien Louis XIV.
398. Deux surtouts de table Louis XIV.
399. Un bassin en cuivre Louis XIV.
400. Lot varié : Instruments de précision avec boussole, boussole ancienne, boites de compas, etc., France *XVIIe et XVIIIe siècles* (seront divisés).
401. Deux lanternes à mains Renaissance.
402. Deux petits vases, bronze doré, sur socle marbre gris Louis XVI.

403. Une applique cuivre Louis XIII, une chaufferette
Renaissance, une plaque Femme et Amour, une
tête de Voltaire (seront divisées).

404 Boîte contenant 5 petites balances romaines anciennes
XVIIIe et XIXe siècles ; 4 séries de poids en cuivre
Renaissance, et autres poids (à diviser).

405 Lot varié : Une petite lampe Renaissance, deux autres
plus petites, une ancienne veilleuse d'église, une
vieille marmite flamande, un encrier Empire, etc.
(seront divisés).

406. 4 marabouts anciens, une bouilloire à réchaud, une
chaufferette à braises, encensoirs cuivre, boîte à
encens, petites boîtes cuivre, flambeau cuivre,
légumiers, plats anciens cuivre jaune, chaufferettes,
réchauds de voyage et garniture 4 colonnes Empire,
bronze doré, etc. (seront divisés).

407. Lot varié : Sonnettes, support, lampes, suspensions
à bougies, encadrements cuivre, de pendules et de
cadres, appliques, rosaces, poignées, dessous plat,
tryptique, fonte, etc. (seront divisés).

408. Un grand candélabre à deux branches plaqué argent
style anglais.

409. Lots variés.

410. Vingt petits bronzes d'étagères : bustes, animaux,
boîtes, cendriers, plaquettes, sonnettes, cachets
anciens, etc. (seront divisés).

411. Lots variés : Vingt-et-un petits bronzes, presse-papier,
coupe, etc., en cuivre et bronze.

411 *bis.* Deux verrières de forme ovale décorées au vernis
de chimères dorées sur fond rouge, époque Directoire, etc.

411 *ter.* Objets omis.

Objets en fer forgé

412. Lot varié. 14 pièces : pincettes, tisonniers anciens
(seront divisés).

413. 14 gaufriers anciens (seront divisés).

414. 7 grilles, 12 balances anciennes, deux chenets anciens
(seront divisés).

415. Une balance ancienne.

416. Une cuiller, une fourchette fer forgé.

417. Un marteau de porte, *XVIIe siècle*.

418. Un coffret en fer, *style gothique*.

419. Crémaillères, lampes, fers à beignets anciens, etc.
(seront divisés).

420. Lustre en fer forgé.

421. Lustre en cuivre.

Étain ancien

Belle collection Assiettes, Plats, Pichets, etc.

422. Neuf canettes ou pichets anciens (à diviser).

423. Quatorze pièces diverses (à diviser).

424. Deux plats creux ; huit autres plats (seront divisés).

425. Treize pièces et assiettes Louis XV.

426. Trois plats gravés.

427. Quinze pièces, plats grands et petits, Louis XIII,
Renaissance, etc. (à diviser).

427 *bis*. Cinq assiettes vieil étain, quatorze cuillers
anciennes (seront divisées).

Chandeliers cuivre, plaqué argent, bronze, étain.

428. Un chandelier empire.
429. Deux paires chandeliers Louis XV.
430. Quatre candélabres en cuivre Louis XIV.
431. Trois chandeliers gothique.
432. Un chandelier gothique.
433. Une paire chandeliers Louis XIV.
434. Cinq paires chandeliers, Renaissance flamande.
435. Deux petits bougeoirs Louis XVI.
436. Un chandelier, Renaissance flamande.
437. Une paire chandeliers Louis XIV.
438. Un chandelier Louis XIV, vingt-deux chandeliers Louis XIV (seront divisés).
439. Soixante-dix chandeliers, divers styles.
440. Trois lampes juives.
441. Une paire chandeliers Empire, étain.
442. Quatre paires chandeliers (à diviser).
443. Une paire chandelier Louis XIV, étain.
444. Trois chandeliers, étain (à diviser).
445. Une paire chandeliers, bronze patiné.
446. Deux lampes cuivre, crachet.
447. Quatre grands chandeliers d'église Louis XIV.
448. Trois chandeliers d'église Louis XV.
449. Une paire chandeliers Louis XIV.
450. Une paire chandeliers Louis XIII.
451. Un chandelier Louis XIV.
452. Un lustre en fer forgé.
453. Un lustre en cuivre.

Armes, Plateaux, Bois sculpté, Pendules.

454. Un lot cinq arbalètes, dont trois chinoises.

455. Trois plateaux empire, en bois, à galerie de cuivre (seront divisés).

456. Trois baromètres en acajou, marqueté palissandre dont un ancien (seront divisés).

457. Un baromètre à fronton en bois sculpté et doré, époque Empire.

458. Un cadre à pilastres en noyer induluré.

459. Grosse mappemonde reposant sur une table en acajou ciré à filets de bois noir, et contenant une boussole sur la barre d'entre-jambe.

460. Statue de saint en bois sculpté et doré, socle, support en bois sculpté.

461. Un rétable à colonnes en noyer contenant un Christ ciselé et doré. *France, XVII* siècle. Belle pièce.*

462. Pendule en bronze ciselé et doré, de style Louis XV.

463. Pendule en forme de lyre, en bois noir appliqué de motifs en bronze ciselé et doré, d'époque Empire.

464. Pendule en bronze patiné et doré à sujet galant, Restauration et deux flambeaux.

465. Pendule en bronze ciselé et doré. Sujet représentant la « Fidélité », Restauration.

466. Pendule en bronze patiné orné de motifs en bronze ciselé et doré, époque Empire.

467. Grande pendule en bronze ciselé et doré, ornée d'un sujet représentant le « Serment des Trois Horace », époque Empire.

468. Pendule à quatre colonnes en acajou ciré à bases et chapiteaux en bronze ciselé et doré, époque Empire.

469. Cage de pendule en noyer sculpté, époque Louis XIII.

470. Cage de pendule en acajou à colonne, époque Empire.

471. Pendule en terre cuite peinte, sujet de femme drapée représentant « La Douleur ».

472. Caisse de pendule en acajou moucheté à quatre colonnes supportant un arceau.

Lots omis.

Meubles anciens et modernes

COFFRES, PUPITRES, BOITES, COFFRETS, BOITES A JEU
en acajou, thuya, palissandre, noyer, etc.

473. Petite toilette coiffeuse en acajou à filets de citronnier.

474. Coiffeuse haute en acajou à tablette de marbre blanc mobile et trois tiroirs, époque Empire.

475. Table à volets en acajou, époque Empire.

476. Petite toilette acajou, époque Empire.

477. Table à ouvrage supportée par un pied, en forme de lyre.

478. Petite table à étagère en marqueterie de bois de placage.

479. Petite table formant coffre, en chêne à quatre pieds cannelés.

480. Petite encoignure en acajou ouvrant à une porte.

481. Table articulée en acajou à plateau mobile.

482. Table en bois marqueté à quatre pieds mobiles.

483. Table articulée dite Tronchin, en acajou, d'époque Empire.

484. Cabinet en acajou à quatre colonnes détachées à bases et chapiteaux en bronze, époque Empire.

485. Petit cabinet à six tiroirs en bois de violette, dessus en marbre gris Sainte-Anne, *France XVIIe siècle*.

486. Autre cabinet à six tiroirs, en noyer et filets de bois de violette, *France XVIIe siècle*.

487. Coffre de mariage ébène à deux portes, intérieur
   chapelle mobile avec glace damier ivoire, nombreux
   tiroirs ; intérieur petits tiroirs secrets derrière la
   chapelle. — La partie supérieure forme coffre à
   dentelles.

488. Miroir de miniaturiste, époque Directoire.

489. Trois pupitres à musique (seront divisés).

490. Liseuse de lit avec porte-lumière.

491. Commode acajou ciré, dessus marbre Sainte-Anne,
   époque Louis XVI.

492. Commode acajou à colonnes, époque Empire.

493. Beau bahut noyer sculpté, 4 portes, 1 tiroir, époque
   Louis XIII.

494. Table noyer sculpté, époque Louis XIII.

495. Paravent à trois feuilles acajou, filets de marqueterie
   bois de rose, le haut à glace.

496. Chiffonnier à six tiroirs acajou ciré, époque Louis XVI.

497. Secrétaire acajou à colonnes, orné chapiteaux et bases
   cuivre doré, époque Empire.

498. Beau secrétaire palissandre bois de rose et filets
   citronnier, époque Louis XVI.

499. Beau meuble anglais, deux portes pleines, deux
   corps avec bureau intérieur simulant un tiroir.

500. Vitrine haute en acajou verni.

501. Grande bibliothèque ouverte en acajou.

502. Bahut en chêne sculpté ouvrant à quatre portes,
   style Louis XIII.

503. Armoire à deux portes, noyer marqueté sur table,
   quatre pieds croisillons.

504. Armoire bibliothèque acajou fermante, de voyage.

505. Grand lit flamand à colonnes et panneaux sculptés
   chêne, style XVIIe siècle.

506. Potières chêne sculpté.

507. Une vitrine acajou à dômes, trois côtés, vitres pour
     objets précieux, deux médaillers acajou (seront
     divisés).

508. Un dressoir noyer et marqueterie, pieds croisillons.

509. Une table guéridon bois noir.

510. Une grande et belle bibliothèque chêne sculpté, trois
     corps, cinq portes pleines dans le bas.

     Haut. : 2^m70 ; larg. : 4^m.

511. Une petite bibliothèque acajou.

512. Un petit guéridon bois noir sculpté, pieds torses. —
     Un porte-gravure chêne, garni cuivre (seront
     divisés).

513. Un pupitre pour écrire debout, chêne massif. — Une
     petite armoire chêne à panneaux sculptés (seront
     divisés.

Sièges

514. Deux beaux fauteuils acajou sculpté, époque Empire.

515. Deux chaises bois sculpté, palmes coquilles rinceaux.

516. Un fauteuil, deux chaises palissandre sculpté, incrusté
     filets citronnier, style gothique.

517. Deux chaises noyer sculpté.

518. Un fauteuil de bureau acajou sculpté, *XVIIIe siècle.*

519. Un grand fauteuil paille Louis XVI.

520. Un fauteuil cuir rouge avec liseuse.

521. Deux fauteuils bureau, un voltaire Empire, un fauteuil
     articulé pour malade (seront divisés).

522. Deux tentures murales peintes sur toile.

Boîtes diverses

523. Trois boîtes de toilette, deux porte-valises, une armoire pharmacie (seront divisés).

524. Une boîte à cigares palissandre, boîte acajou à jeu de boston garni jetons, boîte à jeu de whist, boîte à copier les lettres, boîtes diverses, pupitres, etc... (seront divisés).

525. Lots de vieilles boiseries, objets divers en bois sculpté, vieux coffres et saints en bois sculpté.

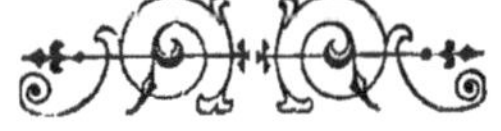

IMP. H. MOREL, LILLE, 77, RUE NATIONALE.

9 782329 544472